AF325111

COLOMBINE MANNEQUIN,

COMÉDIE-PARADE,

EN UN ACTE, EN PROSE,

MÊLÉE DE VAUDEVILLES;

Par les CC. BARRÉ, RADET et DESFONTAINES;

Représentée, pour la première fois, sur le Théâtre du Vaudeville, le 15 Février 1793.

NOUVELLE EDITION.

Prix : Cinquante sols, avec la musique.

A PARIS,

Chez les Libraires { Au Théâtre du Vaudeville.
Au Théâtre rue Martin.
A l'Imprimerie, rue des Droits de l'Homme, n°. 44.

Prairial, An IIIe.

PERSONNAGES.	ACTEURS.
	Les CC. et Cnes.
CASSANDRE.	Chapelle.
ARLEQUIN.	Delaporte.
GILLES.	Léger.
COLOMBINE.	Molière.

La Scène est à Paris.

COLOMBINE MANNEQUIN,

COMÉDIE-PARADE.

Le Théâtre représente une double scène : l'une est la chambre d'Arlequin, avec une porte vitrée au fond, et l'autre une espèce d'antichambre, avec porte communiquant de l'une à l'autre pièce ; une autre, vis-à-vis, qui va dehors ; et enfin, une en face du public, qui conduit chez Cassandre.

SCENE PREMIERE.

ARLEQUIN, *seul, sortant de chez lui par la porte du fond, une poche de maître à danser à la main.*

IL est tard... Il faut que j'aille donner mes leçons, et que je passe à la poste où je trouverai sûrement une lettre de Colombine... C'est bien dommage d'être obligé de sortir... En vérité, j'ai autant de peine à quitter le mannequin qui me représente ma chère Colombine, que si c'était Colombine elle-même ... C'est drôle, ça.... Mais c'est qu'aussi c'est sa figure, sa taille, son maintien ; et les habits.... Je les ai fait faire absolument semblables à ceux que portait Colombine, au moment de son départ.

On n'a jamais eu pareille idée, parce qu'on n'a jamais aimé comme j'aime ; et sans cette douce illusion, il m'aurait été impossible de supporter l'absence de ma future. *(sur la ritournelle de l'air suivant, il va à la porte u fond, et semble admirer son mannequin ; jeu qu'il répète p'usieurs fois pendant l'air.)*

AIR.

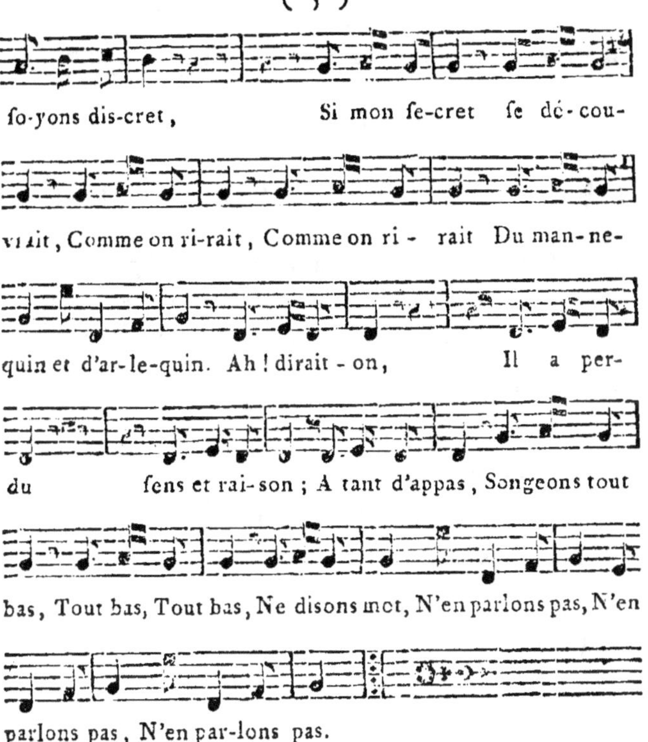

Ce cher mannequin ! je ne le possède que depuis
hier soir ; je l'ai amené en fiacre , quand tout le monde
a été couché.... C'est pourtant avec regret que je me
cache de Cassandre.... Il est bon homme ; mais , à son
âge on ne sait plus ce que c'est que l'amour. Quant à
Gilles , il est si méchant, si bavard, qu'on ne peut
rien lui confier. (*il reprend la fin de l'air en s'en allant.*)

SCENE II.

ARLEQUIN, CASSANDRE.

CASSANDRE, *sortant de chez lui, en pet-en-l'air, la tête nue et chauve, un linge à barbe au cou, tenant sa perruque d'une main, et un très-gros bouquet de l'autre.*

Ah ! c'est vous Arlequin ?

   ARLEQUIN, *traversant.*
Bonjour, beau-père.

    CASSANDRE.
Je suis bien aise de vous rencontrer.

    ARLEQUIN.
Moi aussi.

    CASSANDRE.
J'ai à vous entretenir.....

  ARLEQUIN, *à la porte pour sortir.*
Impossible, beau-père ; l'heure me presse, et les cachets doivent passer avant tout. (*Il s'en va.*)

SCENE III.

CASSANDRE, *seul, et secouant la tête.*

Hum.... hum!.... Tout cela se découvrira ; mais songeons à ma toilette.

(7)

AIR : *Du vaudeville de la Soirée Orageuse.*

Combien je suis frais et dispos ,
Pour fleurir ma commère Barbe !
Sa fête vient bien à propos ,
C'est aujourd'hui mon jour de barbe :

(Il pose son bouquet , et passe la main sur sa perruque
pour lui donner la tournure.)

Malgré que l'on soit , en effet ,
L'enfant gâté de la nature ,
L'homme le plus beau , le mieux fait
A besoin d'un peu de parure.

(Il va , pour mettre sa perruque , au miroir , et s'arrête.)

Quel bon repas nous allons avoir ! c'est pour deux
heures , et midi vient de sonner.

Même air.

Ce n'est chez un mince traiteur ,
Où l'on fait toujours maigre chère ;
C'est chez un gros restaurateur
Que nous régale ma commère.
De cette maison , en crédit ,
La réputation est faite ;
Et l'on a tout dit , quand on dit :
Je vais dîner au veau qui tette.

(Il met sa perruque , s'essuye avec le linge qu'il a devant
lui et arrange sa cravatte.)

C'est bien dommage que ma fille Colombine soit
encore à la campagne de sa chère tante.... Elle est
aimable , ma fille.... Elle a de la voix.... Elle aurait
chanté...*Paisibles bois*... Ça m'aurait fait honneur... Et ce
Gilles qui n'est pas encore venu faire mon ménage , et
me rendre compte de ses informations sur Arlequin ,
mon gendre futur.... Il s'amuse à bavarder , à caqueter
chez quelques voisines.... Il est si causeur , si trigaud !...
(se regardant au miroir.) Je suis bien , très-bien.... mais
Gilles , Gilles.... *(Il le voit.)*

SCENE IV.

CASSANDRE, GILLES.

CASSANDRE.

Eh ! allons donc, allons donc : mon habit ?

GILLES, *prenant l'habit sur le dos d'une chaise.*
Je le tiens.

CASSANDRE, *passant son habit.*
A quelle heure tu arrives !

GILLES, *l'air satisfait.*
Ah ! ah !

CASSANDRE.

Comment ? ah ! ah !

GILLES.

AIR : *On compterait les diamans.*
Si j'ai tardé quelques instans
C'est pour apprendre des nouvelles ;
Ah ! je n'ai pas perdu mon tems,
Allez, allez, j'en sais de belles ;
Et, vraiment, je suis enchanté,
Car de bien honnêtes personnes,
Dieu merci, m'en ont raconté
Plus de mauvaises que de bonnes.

CASSANDRE.

Tu as donc découvert ?....

GILLES.

Si j'ai découvert !.... oui ; j'ai de la peine dans mor.
état, mais j'ai du plaisir.

(9)

Ah ! si je me mets en nage
En faisant chaque ménage ,
Quel plaisir je me ménage
De l'entre-sol au grenier !
Je fais , d'étage en étage ,
Circuler le caquetage ,
Et jamais au tripotage
Je n'arrive le dernier.

CASSANDRE.

Mais , maudit bavard.....

GILLES.

Même air.

J'ai sû de la boulangère
Que l'amant de la lingère
La quitte pour la bouchère ,
Qui n'a plus le tapissier ;
Puis on dit , chez la portière ,
Que ce matin la fruitière
A battu la chaircuitière ,
Pour avoir le pâtissier.

CASSANDRE.

Qu'est-ce que c'est que la lingère , la chaircuitière , le patissier ?.... Ce n'est pas là ce que je t'ai chargé de découvrir.

GILLES.

Quand je vous dis que je sais tout ce qui se passe dans le quartier.

CASSANDRE.

Tout , hors ce qu'il faut savoir ; car , enfin , tu ne sais rien sur Arlequin.

GILLES.

Je ne sais rien sur Arlequin ?.... Ah ! c'est un joli garçon que votre monsieur Arlequin !

CASSANDRE.

Comment ?

GILLES.

Il n'a pas dû s'ennuyer dans sa chambre, cette nuit.

CASSANDRE.

Pourquoi ?

GILLES.

Il n'y était pas seul !

CASSANDRE.

Il n'y était pas seul ?

GILLES.

Non, monsieur, il n'y était pas seul. Hier soir, je sortais de souper aux Bons-Amis.... Il y avait eu du bruit, des bouteilles cassées, des assiettes jettées à la tête.... Je m'en revenais bien content....

CASSANDRE.

Au fait.

GILLES.

J'ai entendu qu'on se disputait au café de l'Union, vis-à-vis chez-vous : j'y entrais pour m'amuser un instant, lorsqu'une voiture s'est arrêtée à votre porte ; et comme il ne faut rien perdre, j'ai voulu voir si ce n'était pas la voisine du second, qui rentrait avec son autre amoureux.

CASSANDRE.

Finiras-tu ?

GILLES.

Point du tout ; c'était Arlequin.

CASSANDRE.

Après ?

GILLES.

Je me suis tapis derrière l'échoppe du savetier, et de là, j'ai vu le susdit Arlequin, payer le cocher, ouvrir la portière , prendre une dame dans ses bras , et se glisser , avec elle , dans l'allée , dont il a , tout doucement , tout doucement , refermé la porte.

CASSANDRE

Ah! traitre d'Arlequin !

GILLES.

Vous devinez bien que je suis resté à mon poste.....
J'ai attendu longtems , très – longtems , et très - inutilement.

CASSANDRE.

Elle y est restée ?

GILLES.

J'avais froid , j'étais gelé , je m'ennuyais , je m'impatientais. ..Par bonheur pour moi , j'ai eu la satisfaction de voir monsieur Ledru sortir , à une heure du matin , de chez votre nièce Doucet , dont le mari est a la campagne ; et comme je m'en allais , sur les deux heures, j'ai été assez heureux pour faire battre deux gros chiens qui n'y pensaient pas.

CASSANDRE.

Une femme , la nuit , chez Arlequin ! lui que je croyais si sage , lui dont ma fille ne cessait de me vanter l'amour et la fidélité.

GILLES.

Ah ! monsieur , il est maître de danse , et ces gens-là....

CASSANDRE.

Tu as raison , c'est un état trop critique pour les mœurs.

GILLES.

A qui le dites-vous ?

CASSANDRE.

AIR : *Ton humeur est , Catherine.*
Bien souvent , avec la danse ,
La jeunesse va le trot ;

Et de cadence en cadence,
Elle fait un pas de trop :
Aux dépens de la famille,
Plus d'un maître, à l'impromptu,
En faisant danser la fille,
A fait sauter la vertu.

GILLES.

C'est comme la fille de madame Dorothée ; l'autre jour, la mère n'était pas là.....

CASSANDRE.

Eh ! que m'importe la fille de madame Dorothée, je ne songe qu'à la mienne.... Mais Arlequin, que j'ai logé chez moi, à qui j'ai donné, pour soixante-dix-huit livres, cette chambre et ce cabinet, que j'ai toujours loués quatre-vingt francs.... C'est un serpent que j'ai réchauffé dans mon sein.

GILLES.

Ah ! sûrement que c'en est un. Eh ! qui l'a deviné ? moi. Qui s'est apperçu de son air distrait et embarassé ? moi. Qui vous a dit qu'il y avait de la cachoterie sur jeu ? encore moi. Qui vous a fait remarquer que depuis plus de quinze jours il n'était pas venu une seule fois le soir, comme de coutume, faire votre petit domino ? encore moi.

CASSANDRE.

C'est vrai.

GILLES.

Je vous dis qu'en fait d'espionnage et de rapport, je ne vous conseille pas de chercher mon pareil, car vous ne le trouveriez pas. Aussi, je peux me flatter que dans tout le quartier, il n'y a qu'une voix sur mon compte.

CASSANDRE, *voyant Arlequin.*

Paix.. C'est Arlequin, dissimulons.

SCENE V.

Les mêmes ARLEQUIN.

ARLEQUIN.

AIR : *Une petite fillette.*

AH ! que la poste est tardive !
On s'écrit chaque matin ;
Hélas ! avec la missive,
Le courier reste en chemin.
Eh ! aie, eh ! hue, eh ! clic, eh ! clac, il fait grand train,
   Et jamais n'arrive.
Trop heureux l'amant qui pourrait
Porter lui-même son billet !
Piquant des deux, il partirait,
   Galopperait,
   Arriverait,
Sans faire tant claquer son fouet.   (*bis.*)

CASSANDRE.

Qu'est-ce que c'est, monsieur Arlequin, que voulez-
vous dire ?

ARLEQUIN.

Je veux dire, beau-père, que je viens de la poste,
qu'il n'y a de lettre ni pour vous, ni pour moi, et
que je suis très en colère contre la poste, parce que
c'est la faute de la poste, et non pas celle de Colombine,
qui m'écrit à chaque poste.

CASSANDRE.

Ah ! vous songez toujours à ma fille ?

ARLEQUIN.

Si j'y songe !

GILLES, *à Cassandre.*

Je gage qu'il va mentir.

CASSANDRE.

C'est que dans votre état, vos leçons.... vos charmantes écolières.....

ARLEQUIN.

Mes charmantes écolières me rappellent celle que j'aime.

GILLES.

Je n'aurais pas deviné celui là.

ARLEQUIN.

Air : De Joconde.

J'apperçois, dans un joli bras,
Le bras de Colombine ;
Je trouve, dans un joli pas,
Le pas de Colombine :
J'admire, dans un pied mignon,
Le pied de Colombine,
Et si je vois un œil fripon,
C'est l'œil de Colombine.

GILLES, *à part.*

C'est trop fort.

CASSANDRE.

Ah ! vous voyez tout ça !

ARLEQUIN.

Même air.

Oui, dans tous les jolis miroirs,
Je vois ma Colombine ;
Dans tous les jolis sons de voix,
J'entends ma Colombine ;
Partout mon œil et mon esprit
M'offrent ma Colombine ;
Oui, mais partout mon cœur me dit :
Ce n'est pas Colombine.

CASSANDRE, *bas à Gilles.*

Il a pourtant l'air de bonne foi.

GILLES, *bas à Cassandre.*

Vous donnez là-dedans, vous ! moi, je n'y tiens pas.
(*à Arlequin.*) Votre clef, que j'aille faire votre chambre.

ARLEQUIN.

Non, je te remercie ; je la ferai moi-même.

GILLES.

Vous-même ?

ARLEQUIN.

Oui, j'ai des raisons pour cela.

GILLES, *bas à Cassandre.*

Elle est encore chez lui.

CASSANDRE, *à part, avec exclamation.*

Ah ! sainte vierge !

ARLEQUIN.

Sans adieu, beau-père : vous allez dîner en ville, bon appétit.

CASSANDRE.

Un moment, monsieur Arlequin, j'ai à vous dire...

ARLEQUIN.

Dites.

CASSANDRE.

Entrons chez vous.

ARLEQUIN.

Non.

CASSANDRE.

Non !

ARLEQUIN.

J'ai affaire, et vous me gêneriez.

GILLES, *bas à Cassandre.*

C'est clair.... Elle y est.

CASSANDRE.

Ainsi, vous ne voulez pas que j'entre chez vous ?

GILLES.

Pas plus que moi.

ARLEQUIN.

J'ai besoin de me distraire de l'absence de Colombine, et je ne me distrais pas comme un autre.

CASSANDRE.

Mais, monsieur Arlequin.....

ARLEQUIN.

AIR : *On doit soixante mille francs.*

Loin de l'objet de mon amour,
Papa, vous voyez chaque jour
  Comment je me désole.   (*bis.*)

CASSANDRE.

Vous vous désolez !

ARLEQUIN.

Vous n'en pouvez douter ; mais ,
Vous ne devineriez jamais
  Comment je me console.   (*bis.*)

(Il entre chez lui , ferme soigneusement sa porte et passe dans le cabinet du fond.

SCÈNE VI.

CASSANDRE, GILLES.

GILLES , *à Cassandre qui regarde Arlequin d'un air interdit.*

EH ! bien , vous êtes content de lui !.... il ne vous cache rien.

CASSANDRE.

Si je n'avais pas besoin de tout mon enjouement

pour

pour faire honneur au dîner de madame Barbe, j'entrerais dans une colère ... (*Gilles lui donne sa canne.*) que je remets à ce soir, parce que la colère tue la gaité et l'appétit.

GILLES.

Prenez-y-garde.

CASSANDRE.

Sois tranquille : je sens que je dinerai, et je sais trop bien vivre pour me lever de table le premier ; mais dès qu'il n'y aura plus personne, j'arrive ici, je m'explique avec Arlequin, je romps le mariage, et j'écris à ma fille de n'y plus songer.

GILLES.

C'est bien, et je ne vous croyais pas tant d'esprit, avec votre air simple.....

CASSANDRE.

C'est un parti pris, j'écrirai.

GILLES.

Et de la bonne encre.

CASSANDRE.

Oui, avec ménagement ; ma fille est sensible, tendre, vive...

GILLES.

Vive ! emportée, jalouse, passionnée, colère, vindicative ; enfin c'est tout le portrait de madame votre épouse.

CASSANDRE.

C'est vrai.

GILLES.

C'était une fière femme celle là ! Et comme elle était aimable ! Comme elle vous menait !.... Vous souvenez-vous de ce ruban que vous aviez envoyé à la petite couturière ?

CASSANDRE.

Allons, allons.....

B

GILLES.

Quel soufflet madame vous donna ! Ah ! mon dieu, mon dieu ! quel soufflet ! La perruque en l'air, la tête contre le mur..... C'était superbe.

CASSANDRE.

Finis tes plaisanteries..... Mais voyons, ne perdons point la tête (*Il regarde à sa montre.*)

GILLES.

Cette femme-là avait bien ces qualités !

CASSANDRE.

Deux heures moins cinq minutes !

GILLES.

Allez, allez, pendant votre absence , je tâcherai de découvrir encore quelque chose sur Arlequin.

CASSANDRE.

Le fourbe ! Je le croiais si sincère !

GILLES.

Moi, j'ai toujours pensé que c'était un hypocrite.

CASSANDRE.

A i r : *Non , je ne ferai pas , etc.*

Quel visage trompeur ! hélas ! mon pauvre Gille,
Comme nous dit *Gilblas* , ou *Gilbert* , ou *Virgile* ,
» Ah ! ne devrait-on pas , à des signes certains ,
» Reconnaître le cœur des perfides humains. »

(*Il sort.*)

SCENE VII.

GILLES , *seul.*

Me voilà seul, faisons notre ouvrage (*il s'arrête.*) Cependant je voudrais bien voir la demoiselle ou la dame qui est

là-dedans…. Si je la connaissais, quelle bonne affaire !
J'irais chercher le père, ou le mari ; ça ferait un scène
charmante, et qui divertirait tout le quartier…. Regar-
dons par la serrure….(*il regarde.*) Je ne vois rien…(*il
écoute.*) Je n'entends rien….. Faut que je les dérange.(*il
appelle.*) Monsieur Arlequin.

SCENE VIII.

GILLES, ARLEQUIN.

A R L E Q U I N, *sortant de la chambre du fond.*

Quoi !

G I L L E S, *parlant à travers la porte qui sépare les
deux chambres.*

Vous ne voulez donc pas que je fasse votre chambre?

A R L E Q U I N.

Non.

G I L L E S.

Ce serait l'affaire d'un instant.

A R L E Q U I N.

Laisse-moi tranquille.

G I L L E S, *d'un ton suppliant.*

Monsieur Arlequin….mon bon ami.

A R L E Q U I N, *s'impatientant.*

Hé bien, qu'est-ce que tu veux ?

G I L L E S.

Ouvrez-moi, je vous en prie.

A R L E Q U I N.

Au diable.

GILLES, *quittant la porte.*

C'est elle qui ne veut pas que je la voye, et sûrement que je la connais.... Je ne quitterai pas.

ARLEQUIN.

N'oublions pas la lettre que j'ai écrite à mon ami le
sculpteur, pour le remercier de m'avoir prêté son
mannequin. (*Il cherche dans le tiroir de la table.*)

GILLES, *allant pour battre l'habit d'Arlequin, trouve un papier dans sa poche.*

Un papier écrit? ... Et je ne sais pas lire!... C'est
égal, je saurai ce que c'est. (*Il le met dans sa poche.*)

ARLEQUIN.

La voici.... J'y ai mis des complimens à sa petite
femme.... Elle le rend heureux sa petite femme. Ah!
Colombine fera aussi mon bonheur.

AIR: *De la tourière.*

Que nous aurons d'agrément
Dans notre petit ménage !
Que nous aurons d'agrément
Tous les jours en nous aimant !

GILLES, *battant l'habit.*

Pan , pan , pan , pan , pan , pan , pan.

ARLEQUIN.

Oh ! vive le mariage !

GILLES, *de même.*

Pan , pan , pan , etc.

ARLEQUIN.

Que nous aurons d'agrément !

GILLES, *à la porte d'Arlequin.*

Monsieur Arlequin, votre habit est prêt.

ARLEQUIN

Tout-à-l'heure.

GILLES.

Oh! je la verrai.

ARLEQUIN.

Je vais porter ma lettre à la petite poste, et commander mon souper. (*Il ouvre sa porte, et comme Gilles va pour entrer, il le repousse d'une main, prend son habit de l'autre et le jette sur une chaise.*) C'est bon. (*Il sort, et ferme sa porte.*)

GILLES.

En vérité, Monsieur Arlequin, c'est bien mal de votre part.

ARLEQUIN.

Comment ?

GILLES.

Moi qui ai toute la confiance de Monsieur Cassandre, il est bien étonnant que je n'aie pas la vôtre.

ARLEQUIN.

C'est là ce qui te chagrine ? Tu as tort.

A I R : *Tout roule aujourd'hui dans le monde.*

Aussi bien que monsieur Cassandre,
Je sais qu'on peut compter sur toi.

(*D'un air mystérieux.*)
Personne ne peut nous entendre...,
Mon ami, Gilles, écoute moi.....
De jaser tu n'as point envie,
Je te connais discret, prudent.

(*Après avoir regardé autour de lui.*)
Comme aujourd'hui, toute la vie
Je te prendrai pour confident.

(*Il sort.*)

SCENE IX.

GILLES, *seul.*

AH ! tu te moques de moi... Je te revaudrai ça , mon petit ami. (*Il regarde le papier pris dans la poche d'Arlequin.*) Il fallait que mon père et ma mère fussent bien bornés, pour ne m'avoir pas appris à lire... Ah ! les gens de cette espèce-là.... Et si je savais écrire donc... Ça serait bien mieux. On contrefait son écriture. On imite celle des autres... et les lettres anonymes !.... Ah ! il n'y a rien au-dessus d'une lettre anonyme ! . On vient. (*Il va à la porte.*) me trompai je ?.... Tiens ! c'est Colombine ! quel bonheur !

SCENE X.

GILLES, COLOMBINE.

GILLES

Quoi ! c'est vous.

COLOMBINE.

J'arrive.

GILLES.

Par la poste ?

COLOMBINE.
AIR : *De la croisée.*

Les chevaux sont toujours trop lents,
Au gré d'une sensible amante,

Et j'ai présumé que les vents
Répondraient mieux à mon attente :
J'ai pris mon parti lestement,
Et sans mettre le pied à terre ,
J'arrive auprès de mon amant,
   Par le coche. d'Auxerre.   *(bis.)*

GILLES.

C'est bien , car il est sorti.. Mais vous ne deviez
pas revenir sitôt? ... Ah! je vois ce que c'est. Vous avez
eu quelques soupçons sur Arlequin ; vous avez voulu
le surprendre.

COLOMBINE, *avec fierté.*

Moi?

    A I R : *Si l'on pouvait rompre la chaine.*

On peut s'abaisser à surprendre
Celui que l'on doit eprouver ;
Plus il est loin de vous attendre ,
Plus on se presse d'arriver :
Mais une amante bien éprise
Du fidèle objet de ses vœux ,
Ne lui ménage une surprise
Que pour le rendre plus heureux.

GILLES.

Vous en raffolez donc toujours?

COLOMBINE.

Plus que jamais.

GILLES.

C'est bien, car il ne vous aime plus.

COLOMBINE.

Il ne m'aime plus?

GILLES·

Non , mais il en aime une autre.

COLOMBINE,

Une autre ?

GILLES.

Et ce qu'il y a de bon, c'est que tous les jours il
dit à votre père qu'il ne songe qu'à vous, et qu'il ne
vivra que pour vous. C'est le plus grand menteur que
je connaisse.

COLOMBINE.

Même air.

Ce changement est impossible,
Arlequin me connaît trop bien :
Il sait trop que, tendre et sensible,
Mon cœur s'allarme pour un rien :
Oui, je l'aime plus que la vie,
Et s'il m'abandonnait, hélas !
Je sens trop qu'à sa perfidie
Le traître ne survivrait pas.

GILLES.

Rien de plus juste.

COLOMBINE.

Mais non, tu es mal instruit.

GILLES.

Mal instruit !

COLOMBINE.

La preuve ?

GILLES.

La preuve ! (*Il appelle.*) Mademoiselle.... Madame....

COLOMBINE.

Que fais-tu ?

GILLES.

J'appelle la preuve.

COLOMBINE.

Quoi !

GILLES.

Elle est ici.

COLOMBINE.

Qui ?

GILLES.

La preuve.

COLOMBINE.

La preuve !

GILLES.

Dame, je ne connais pas son autre nom. Tout ce
que je sais, c'est que votre rivale est chez votre
amant, qu'elle y a passé la nuit, et que votre amant ne
se dispose pas du tout à la renvoyer.

COLOMBINE.

Elle est chez lui !... Grands dieux !

GILLES.

Ça vous fait bien de la peine, n'est-ce pas ?... Chaque
mot que je vous dis, vous déchire l'ame.... J'en
étais sûr.

COLOMBINE.

Elle y a passé la nuit !.... Mon père le sait-il ?

GILLES.

Sûrement... il est allé dîner en ville.

COLOMBINE.

Quel parti prendre ?

GILLES.

Ah ! vous avez un caractère, vous ; mais pour monsieur Cassandre, c'est un pauvre homme, et plus je
le connais plus je crois qu'il n'est pas plus votre père
que moi.

COLOMBINE.

N'importe, tel qu'il est, va le chercher.

GILLES.

Ah ! ça, vous allez faire une scène, j'y compte. Vous voilà outragée comme on ne l'a jamais été ; il faut vous montrer.

COLOMBINE.

Va chercher mon père.

GILLES.

Point d'explication , injures , soufflets , coups de poings.

COLOMBINE, *frappant du pied.*

Va chercher mon père , te dis-je.

GILLES, *gaîment , tandis que Colombine témoigne la plus vive impatience.*

Bon ! j'y vais.

A I R : *Fanfare de Saint-Cloud.*

A l'excès de votre rage
Sa présence ajoutera ;
Quel effroyable tapage !
Rien ne vous arrêtera.
Que la scène sera belle !
Ah ! d'avance je la voi.....
De grace , mademoiselle ,
Ne commencez pas sans moi.

(*Il sort.*)

SCENE XI.

COLOMBINE, *seule.*

Ainsi donc ma rivale est là, et je ne suis arrivée que pour être témoin de la trahison d'Arlequin !... L'ingrat !.. en mon absence, et sous les yeux de mon père... Mais pour qui le monstre m'a-t-il délaissée !

AIR.

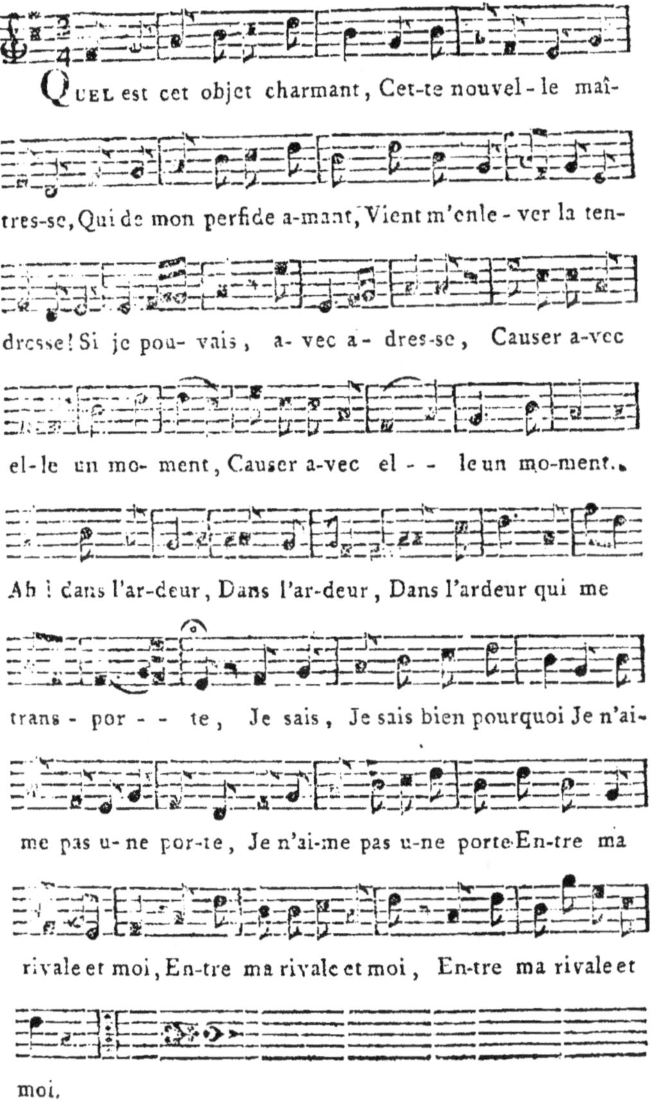

QUEL est cet objet charmant, Cet-te nouvel - le maî-
tres-se, Qui de mon perfide a-mant, Vient m'enle - ver la tendresse! Si je pou- vais, a- vec a- dres-se, Causer a-vec
el-le un mo- ment, Causer a-vec el - - le un mo-ment.
Ah! dans l'ar-deur, Dans l'ar-deur, Dans l'ardeur qui me
trans - por - - te, Je sais, Je sais bien pourquoi Je n'aime pas u-ne por-te, Je n'ai-me pas u-ne porte En-tre ma
rivale et moi, En-tre ma rivale et moi, En-tre ma rivale et
moi.

Même air.

Dans un tel évènement,
Une amante sans courage,
Souffrirait impunément
Un aussi sanglant outrage.
Les yeux en pleurs, fuyant l'orage
Elle irait cacher son tourment.....   (*bis.*)
Moi, dans l'ardeur (*bis.*) etc.

SCENE XII.

COLOMBINE, CASSANDRE.

CASSANDRE, *chantant avant de paraître.*

Quand je bois du vin clairet,
Tout tourne.   (*bis.*)

COLOMBINE, *allant au devant de son père.*
Mon père!

CASSANDRE.

Ma fille (*Ils s'embrassent.*) Ma joie égale ma surprise, et la force du sentiment.... L'explosion de la tendresse.... La nature d'un cœur paternel....

COLOMBINE.

Oui, mon père; mais ce n'est pas cela dont il s'agit.

CASSANDRE.

Non, et j'ai à vous préparer sur un petit accident....

COLOMBINE.

Je sais tout : Gilles m'a tout dit.

CASSANDRE.

Tu vois, ma fille, j'en ai l'âme navrée, et sans le dîner de madame Barbe, j'aurais déjà pris un parti.

COLOMBINE.

Le mien est pris. (*Elle frappe rudement à la porte
d'Arlequin.*)

CASSANDRE.

Air : *De la découpure.*
Ah ! ma fille, que faites-vous ?

COLOMBINE.

Ouvrez sans mystère,
Vous voulez envain vous taire.

Elle frappe plus fort.

CASSANDRE.

Ah ! ma fille, que faites-vous ?

COLOMBINE.

Ouvrez, dépêchez, paraissez devant nous.

CASSANDRE.

Modérez, modérez, modérez-vous.

COLOMBINE.

Non, non, ma vengeance
Doit égaler mon offense.

SCENE XIII.

Les mêmes, GILLES, *avec un rat de cave allumé.*

GILLES.

Arrêtez, arrêtez, arrêtez-vous,
Je viens augmenter votre juste courroux.

Il allume la chandelle.

CASSANDRE.

Qu'est-ce que c'est ?

COLOMBINE.

Parle.

GILLES.

Le traiteur vient de me dire qu'Arlequin a commandé un souper pour deux : on doit le lui apporter à neuf heures et demie, et cela, parce qu'il sait qu'alors il sera libre , puisque tous les jours vous êtes couchée à neuf heures.

CASSANDRE.

Il est clair que c'est avec elle qu'il va souper.

COLOMBINE.

Avec elle ! tête-à-tête !

GILLES.

Sûrement, et c'est joli ; mais il y a mieux que cela, c'est un petit papier que j'ai trouvé dans sa poche, et que je me suis fait lire. Il vous divertira.

CASSANDRE, *prenant le papier.*

Donne.

COLOMBINE, *l'arrachant des mains de son père*

Voyons. (*Elle lit.*) « Mémoire des ouvrages faits et » fournis à monsieur Arlequin par madame Treillard, au- » teur des robes de fantaisie, maison de l'Egalité, gal- » lerie , côté de la rue de Richelieu , au pavillon d'Or , » n°. 41. »

GILLES.

Au pavillon d'Or ! il va au bon endroit.

COLOMBINE, *lisant.*

» Caraco à la modeste, dégageant la taille , et d'une » tournure aussi commode qu'agréable.... Soixante-dix- » huit livres. »

CASSANDRE.

Soixante-dix-huit livres !

COLOMBINE.

Dégageant la taille.... (*se tournant du côté de la porte de la chambre d'Arlequin*) ..... Ah! je te dégagerai.

GILLES.

Vous n'y êtes pas.

COLOMBINE.

» Plus, chapeau à la Minerve, d'une forme délicieuse
» et pleine de goût : l'art s'y trouve caché par l'art,
» ci. . . . . 42 liv.
» monsieur Arlequin ayant fourni le ruban. »

CILLES.

Le ruban ?.... Je gage que c'est celui que vous lui
avez donné.

CASSANDRE.

Ah ! ah !

COLOMBINE, *contenant sa colère.*

Poursuivons... «Ceinture à la chaste Suzanne, s'attachant
» avec deux simples agraffes, et très-facile à défaire...»

GILLES.

Il songe à tout.

COLOMBINE.

» Elle est d'un charmant effet. . . . . 25 liv.«

CASSANDRE.

Quelle fastueuse profusion !

COLOMBINE.

» Châle à la voyageuse , couvrant la poitrine à volonté,
» il est admirable à l'œil.... 36 liv. Total , 181 liv.... reçu
» comptant, dont quittance, etc. »

GILLES.

Ce monsieur rigaudon, comme il fait danser le
cachet !

CASSANDRE.

Ma pauvre fille ! où en étions nous sans cet honnête
garçon !

GILLES, *avec emphase.*

J'ai fait mon devoir, et ma récompense est là. (*Il se frappe la poitrine.*)

CASSANDRE, *embrassant Gilles, avec effusion de cœur.*

Mon tendre ami !

COLOMBINE.

AIR : *D'une abeille toujours chérie.*

Par les détails de ce mémoire,
De ma rivale on peut juger ;
Arlequin, fier de sa victoire,
Croit ne rien devoir ménager :
Il fait une dépense extrême
Pour cet objet qui veut briller ;
A moins de frais, et ce soir même,
Je me charge de l'habiller.　　(*bis.*)

GILLES.

De la tête aux pieds, je vous en prie ; mais il faut que vous les surpreniez ensemble.

CASSANDRE et COLOMBINE.

Oui.

GILLES.

Il est neuf heures ; Arlequin va rentrer ; retirez-vous tous les deux, et sitôt qu'ils seront à table, j'irai vous avertir.

COLOMBINE.

Ils vont connaître de quoi je suis capable.

CASSANDRE.

Calmez-vous, cher enfant : une demoiselle bien née se respecte jusques dans sa vengeance, et la fille de Cassandre ne doit jamais oublier le sang dont elle sort.

COLOMBINE.

Je serai digne de vous, ô mon père !

GILLES.

La belle dignité !

COLOMBINE

COLOMBINE.

Paix ! on vient.

TOUS TROIS.

Paix. (*Colombine écoute à la porte d'Arlequin, et Gilles à celle de la rue.*)

CASSANDRE.

AIR : *N'entend-on rien.* (d'Azémia,)
N'entends-tu rien !

GILLES et COLOMBINE.

Non , rien.

ENSEMBLE.

Écoutons bien :
Il faut ici de la prudence ,
Du zele et de l'intelligence.

CASSANDRE, *à Colombine, montrant Gilles.*

Laissons-le faire ,
Tout ira bien.

ENSEMBLE.

Il faut surtout du mystère ;
Tout ira bien.

GILLES.

Chut , ne vient-il pas !

ENSEMBLE.

Parlons plus bas.
Il faut ici , etc.
Ce n'est pas l'instant encore ;
Le couple heureux ne se doute de rien :
Son
     retour , l'ingrat l'ignore ;
Mon
Cachons-nous , et ce soir tout ira bien.

CASSANDRE, *à Colombine.*

Retirons-nous. (*à Gill.s.*) Observe bien.

(*Cassandre et Colombine se retirent.*)

C

SCENE XIV.

GILLES, *seul et d'un air très-satisfait.*

COMME cette affaire-là marche, et quelles suites elle peut avoir !... On ouvre, c'est lui. (*il souffle la lumière et se retire derrière la porte du fond.*)

SCENE XV.

GILLES, *caché,* ARLEQUIN, *une lanterne de papier à la main, et suivi d'un Garçon Traiteur, portant un panier de restaurateur.*

ARLEQUIN, *entrouvrant la porte et regardant partout.*

ON est couché..... Oh ! oui. (*se retournant et parlant dans la coulisse.*) Venez-vous, mon petit bon ami ! Ne vous blessez pas..... Ne renversez rien.... Vous tenez la rampe?... Prenez garde, il y a une marche cassée. (*le Garçon parait.*) Ah ! par ici. (*il le conduit dans sa chambre.*) Posez-là.... Bon ; un moment. (*il allume la chandelle et donne sa lanterne au Garçon.*) Tenez, vous viendrez chercher vos plats demain matin, vous me rapporterez ma lanterne, et je vous donnerai pour boire. (*il le conduit à la porte.*) Votre souper sent bien bon..... Allez, mon petit ami, ne vous cassez pas le cou, et n'oubliez pas de fermer la porte de l'allée. (*il ferme la porte en dedans, et rentre chez lui où il se renferme.*)

(35)

GILLES, *arrivant à pas de loup.*

Ferme, ferme ta porte, nous te la ferons bien ouvrir.

ARLEQUIN, *arrangeant la table.*

Mon cher mannequin ! La bonne idée que j'ai eue !
Je me sens presqu'aussi content que si j'allais souper
avec la véritable Colombine. (*il met le couvert.*)

GILLES.

Laissons-les s'établir, et quand ils seront bien en
train, j'irai chercher madame rabat-joie.

ARLEQUIN, *élevant la voix.*

Ne t'impatientes pas, mon cœur, je mets la table.

GILLES.

Oui, et nous, nous fournirons le dessert.

ARLEQUIN.

Souper tête à tête avec un mannequin ! Pourquoi
pas ? puisque je vois dans ce mannequin ma Colombine
et tous ses charmes.... C'est comme cela dans le monde...

GILLES, *regardant à travers la serrure.*

On n'est pas encore à table.

ARLEQUIN.

AIR : *Pourriez-vous bien douter encore.*

Toujours l'objet qui sait nous plaire
Est l'objet le plus enchanteur ;
Et souvent c'est une chimère.
Qu'enfantent la tête et le cœur :
L'amour, au gré de notre envie,
Sert notre imagination,
Et tous nos plaisirs dans la vie
Ne sont, vraiment, qu'illusion.   (*bis.*)

GILLES, *s'impatientant.*

Pas encore à table ! Apparemment qu'ils ont quelque
chose à se dire avant de souper.... Ils font bien de
profiter de ce moment-là : on ne sait pas ce qui peut
arriver.

ARLEQUIN, *apporte son mannequin et le place vis-à-vis la table, sur le devant de la scène.*

Reste là, ma bonne amie, je vais approcher la table.

GILLES, *regardant à travers la serrure.*
Elle est là.

ARLEQUIN, *mettant la table devant le mannequin.*
Es-tu bien ?.... Oui, tu es bien.

GILLES.
Je ne peux pas voir sa figure ; c'est bien terrible ça.

ARLEQUIN.
Dépêchons-nous, car le souper refroidit.

GILLES.
Il refroidit !.... Je vais le réchauffer.

(Il sort.)

SCÈNE XVI.

ARLEQUIN, *seul, à table avec son mannequin.*

JE sens que nous avions besoin de souper.... Le poulet est bien tendre. (*il sert.*) A toi l'aile, à moi la cuisse.... D'abord je mange pour Colombine.... (*il prend sur l'assiette du mannequin.*) Et puis je mange pour Arlequin. (*il mange sur son assiette.*) Il faut que j'aie de l'appétit pour deux ; mais cela ne m'inquiette pas.... je mange si souvent comme quatre.... Pour le vin, ma bonne amie, je te demande la permission de le ménager, parce qu'il est bon, et que j'en veux conserver quelques bouteilles que nous vuiderons ensemble, quand tu seras

de retour de ton voyage.... Nous allons boire à nos
santés. (*il débouche la bouteille et verse du vin dans les
deux verres, pendant la ritournelle du morceau suivant.*)

AIR : *Tu me donneras la mienne.*
Pour moi, je bois à la tienne.

(*il boit dans le verre du mannequin.*
Pour toi, je bois à la mienne.

(*il boit dans son verre.*)
Tu triches, tu ne bois pas.
Je bois et ne triche pas.
Ah ! ma chere, ah ! le charmant repas !
Je veux, ma belle maîtresse,
En te regardant sans cesse,
M'enivrer de tes appas.

Pour moi, jebois, etc.

SCENE XVII.

ARLEQUIN , *chez lui* , CASSANDRE ,
COLOMBINE , et GILLES , *dans l'autre*
chambre.

GILLES, *à Colombine.*

Encore une fois, laissez dire votre père, et vengez-
vous, il serait trop tard demain.

COLOMBINE.

Rien ne m'arrêtera.

CASSANDRE , *se mettant entre la porte et Colombine.*

Doucement, Colombine, monsieur Arlequin est chez
lui ; il ne nous convient ni de forcer sa porte, ni de
le déranger.

C 3

COLOMBINE.

Ni de le déranger !...

CASSANDRE.

Non, ma fille : d'ailleurs, il faut d'abord bien s'assurer du fait, et puis, comme je vous le disais tout à-l'heure, la réflexion, la précaution, et, surtout, la modération....

COLOMBINE.

La modération !

CASSANDRE.

Oui, ma fille.
» La modération est le trésor du sage. »

GILLES, *à Colombine.*

Vous l'écoutez ?

ARLEQUIN.

Que tu me rends heureux, ma charmante maîtresse !

COLOMBINE, *à Cassandre.*

Sa charmante maîtresse ! vous l'entendez. (*elle s'avance près de la porte.*)

CASSANDRE, *la retenant.*

Un moment.

COLOMBINE, *frappant du pied.*

Quelle patience !

GILLES, *à Colombine.*

Mais allez donc. (*Colombine fait un nouveau mouvement, Cassandre la repousse encore.*)

ARLEQUIN.

Eh ! la liqueur que j'ai oubliée ... Mais il n'est guères que dix heures et demie, le caffé ne sera pas encore couché..... J'y vais. (*il se lève de table.*)

(39)

COLOMBINE, *à Gilles qui l'excite à ne plus rien ménager.*

Tu as raison. (*à Cassandre qui regarde à travers la serrure.*) Otez-vous de là , mon père.

CASSANDRE.

Il va sortir. (*il emmène Colombine et Gilles au fond du théâtre.*)

ARLEQUIN, *prenant le flambeau.*

Je te laisse sans lumière.... Tu n'auras pas peur ? (*il sort de sa chambre , dont il laisse la porte ouverte , et dit , en traversant la chambre où sont Cassandre , Colombine et Gilles.*) Je ne serai qu'un instant , mon petit ange. (*Colombine veut se jetter sur Arlequin, son père la retient.*)

SCENE XVIII.

CASSANDRE , COLOMBINE , GILLES.

GILLES, *sautant de joie.*

Ça va commencer.

COLOMBINE, *voulant entrer.*

Enfin....

CASSANDRE , *retenant sa fille , et passant devant ell*

Arrêtez, fille trop sentimentale.

GILLES, *à Colombine.*

Allez , allez.

(*ils entrent tous chez Arlequin.*)

COLOMBINE , *au mannequin.*

C'est donc vous , impudente , qui osez venir effrontément ?....

C 4

CASSANDRE.

Ma fille, taisez-vous, je vous l'ordonne, il est né-cessaire, avant tout, de savoir à qui l'on parle.

GILLES.

C'est bien difficile à voir.

CASSANDRE, *après avoir toisé le mannequin du haut en bas avec sa lanterne.*

Elle n'est point mal.

COLOMBINE, *en enrageant.*

Point mal ?

CASSANDRE, *appuyant.*

Point du tout mal ; et je lui trouve même.... l'air....

GILLES.

De ce qu'elle est.

CASSANDRE.

Oui, l'air distingué.

GILLES.

Pardi ! ces demoiselles-là ont toujours quelque chose qui les distingue.

CASSANDRE, *au mannequin.*

Madame, puis-je savoir comment et pourquoi vous vous trouvez, à l'heure qu'il est, chez un jeune homme ?

GILLES.

Pourquoi ?

COLOMBINE, *à Cassandre.*

Faites-là donc parler.

CASSANDRE, *au mannequin.*

AIR :

Vous êtes belles
Je n'en disconviens pas,
Mais pour cruelle,
Vous ne l'êtes pas.

COLOMBINE.

Répondrez-vous , péronelle ?

CASSANDRE.

Doucement donc , ma fille ; vous lui coupez la parole...
Qui êtes-vous ?.... Hein ? ... Plaît-il ?.... Pas le mot.

COLOMBINE.

Ah ! voilà bien des façons.... C'est à moi de l'in-
terroger. (*elle lui donne un soufflet.*)

GILLES, *sautant de joie.*

C'est ça.

COLOMBINE.

Ah ! grands dieux !..... Que vois-je ? Arlequin est
innocent.

GILLES.

Ça n'est pas vrai.

COLOMBINE, *examinant le mannequin.*

Oui , c'est un mannequin, c'est moi, c'est mon portrait.... mêmes habits.... même chapeau.... le ruban que
je lui ai donné !

CASSANDRE, *touchant le mannequin.*

Ma fille a raison.

COLOMBINE.

AIR : *De la finale de la Soirée Orageuse.*

C'est charmant : pendant mon absence,
C'est ainsi qu'il passait son tems ;
En secret , à tous les instans ,
Il adorait ma ressemblance.

ENSEMBLE.

CASSANDRE.	GILLES.
C'est charmant ; pendant ton absence:	C'est facheux ; pendant son absence,
C'est ainsi, etc.	C'est ainsi , etc.

COLOMBINE.

Je suis au comble de la joie!.... Quel excès de tendresse!... Quel amant!.... J'étais loin de m'attendre au bonheur qu'il me procure, et je lui dois la même surprise.

CASSANDRE.

Que veux-tu faire ?

COLOMBINE.

Retirez ce mannequin.

GILLES, *à part en le retirant.*

Vous verrez qu'ils vont se raccomoder.

COLOMBINE.

Il vient, éloignez-vous. (*Gilles et Cassandre se retirent au fond, avec le mannequin dont Colombine prend la place.*)

SCENE XIX et DERNIÈRE.

Les mêmes, ARLEQUIN.

ARLEQUIN.

Je n'ai pas été longtems, ma petite Colombine, et j'apporte du bon.... C'est du parfait amour....On diroit qu'elle me sourit.... Ma petite bonne amie.... (*il lui prend la main.*) Ah!.... j'ai cru toucher le vrai bras de Colombine... Ce que c'est que de bien aimer! (*il verse aux verres de liqueur, l'un devant Colombine et l'autre devant lui ; il commence par boire celui de Colombine qui pendant ce tems-là, prend celui qui est devant Arlequin : il demeure interdit, recule et avance alternativement.*)

A i r : *Ah! grand dieu, que je l'échappe belle.*

Ciel ! que vois-je ! est-ce que je sommeille ?
Non, certainement,

En ce moment,
Parbleu ! je veille ;
Cependant, quelle étrange merveille !

(*il se recule, Colombine le suit des yeux.*)

Partout en ces lieux
Ce mannequin me suit des yeux.

(*Colombine se lève.*)

Ah ! grand dieu ! d'effroi, mon cœur se glace ;
Oui, ce mannequin
Est un lutin.....
Il me pourchasse....
Mannequin, ah ! par quelle disgrace,
Le diable en ce jour
Se mêle-t-il de mon amour ?,

(*Colombine lui tend les bras.*)

Il va m'étrangler. (*il s'enfuit et se jette dans le man-*
nequin.) Ah !

Fragment du Maréchal-Ferrant.

Ils sont une compagnie....

C O L O M B I N E, *allant à lui.*

C'est moi.

A R L E Q U I N.

Eh ! messieurs, je vous en prie.....

C A S S A N D R E.

C'est ma fille.

A R L Q U I N.

Donnez, donnez-moi la vie.

C O L O M B I N E.

C'est moi.

C A S S A N D R E et G I L L E S; *amenant Arlequin qui*
tremble toujours.

C'est elle, c'est Colombine.

COLOMBINE.

Air : De la finale de la Soirée Orageuse.

Mon ami, pendant mon absence,
A mon portrait donnait son tems ;
Je viens réclamer les instans
Consacrés à ma ressemblance.

CASSANDRE.

Ce portrait, pendant ton absence,
Occupait, seul, tous ses instans ;
Ma fille, après un trop long tems,
Vient remplacer sa ressemblance.

GILLES.

Je croyais qu'ici sa présence
M'ammerait d'heureux instans ;
Point du tout, j'ai perdu mon tems.....
Peste soit de la ressemblance !

ARLEQUIN, *après l'avoir bien regardée.*

Eh ! oui, c'est toi. (*Il saute au cou de Cassandre et de Gilles, tour-à-tour, et fait toutes les folies que peut inspirer la joie la plus vive.*)

COLOMBINE.

Moi-même.

ARLEQUIN.

Oh ! oui, je vois bien que ce n'est plus un mannequin.

COLOMBINE.

Non, mon ami, c'est la vraie, la fidèle Colombine, qui ne croira jamais aimer assez le plus tendre, le plus rare des amans.

CASSANDRE.

Je suis de ton avis, ma fille, et ta main doit être sa récompense.

ARLEQUIN.

Je vous disais bien, beau-père, que je ne me consolais pas comme un autre ; mais j'épouse Colombine en personne et je dis adieu au mannequin.

GILLES.

Ah ! vous ne risquez rien de le jetter au feu ; on n'en manquera pas pour ça.

ARLEQUIN.

Toujours gentil comme à votre ordinaire.

VAUDEVILLE.

GILLES.

AIR : *DE CHARDINI.*

quin.

CASSANDRE.

Regardez la jeune Glicère
A qui l'art prête son pouvoir ;
Elle est toujours sûre de plaire
A qui ne la voit que le soir :
Mais n'allez , galant incommode ,
La surprendre un peu trop matin ,
Car de sa marchande de mode
    C'est le mannequin.   (*bis.*)

ARLEQUIN. *au Public.*

Peu de talent , beaucoup de zèle ,
M'ont valu de petits succès ;
Ah ! par une bonté nouvelle
Accueillez mes nouveaux essais :
Vous plaire est toute mon envie ,
Mais quoique fasse un Arlequin ,
Si vous ne lui donnez la vie ,
    C'est un mannequin.   (*bis.*)

F I N.

CATALOGUE

Des pièces du Théâtre du Vaudeville, et autres nouveautés qui se trouvent chez le Libraire, au Théâtre du Vaudeville, et à l'Imprimerie, rue des Droits de l'Homme, N°. 44.

LES deux Panthéons, en trois actes, par le C. Piis.

Les mille et un Théâtre, en un acte, par le C. Desfontaines.

L'Isle des Femmes, en un acte, par le C. Léger.

La Revanche forcée, en un acte, par le C. Deschamps.

Arlequin Afficheur, en un acte, des CC. Barré, Radet et Desfontaines.

Le Projet manqué, ou Arlequin Taquin, en un acte, par les mêmes.

Le Petit Sacristain, en un acte, par le C. Mautort.

Piron avec ses amis, en un acte, par le C. Deschamps.

Nice parodie de Stratonice, en un acte, par le C. Desprez.

Favart aux Champs Elyséés, en un acte, par les CC. Barré, Radet et Desfontaines.

Arlequin, Tailleur, en un acte, par les CC L. et T.

Georges et Gros-Jean, en un acte, par le C. Léger.

La Gageure inutile, en un acte, par le même.

Nicaise Peintre, par le C. Léger.

Arlequin, Friand, en un acte.

L'Heureuse Décade, en un acte, par les CC. Barré, Léger et Rosières.

Le Saint déniché, en un acte, par le C. Piis.

Au Retour, par les CC. Radet et Desfontaines.

Encore un Curé, en un acte, par les CC. Radet et Desfontaines.

La Plaque retournée, en un acte, par les CC. L. et T.

Le Savetier et le Financier, en un acte, par le C. Piis.

Le Faucon, en un acte, avec la musique, par le C. Radet.

Le Noble Roturier, avec la musique, par le même.

Les Volontaires en route, avec la musique, en un acte,
par le C. Raffard.

La Nourrice Républicaine, avec la musique, en un acte,
par le C. Piis.

Arlequin Joseph, avec la musique, en un acte, par le
C. Mautort.

Arlequin Pigmalion, avec la musique, en un acte, par le
C. Dossion.

La Matrone d'Ephèse, avec la musique, en un acte, par
le C. Radet.

La Fête de l'Egalité, avec la musique, en un acte, par
les CC. Radet et Desfontaines.

Le Divorce, avec la musique, en un acte, par le C.
Desfontaines.

Le Poste Evacué, avec la musique, en un acte, par le
C. Deschamps.

Le Prix, ou l'Embarras du Choix, en un acte, par le
même.

La bonne Aubaine, en un acte, par Radet, avec la Musiq.

Colombine Mannequin, en un acte, des CC. Baré, Radet
et Desfontaines.

Etrennes Lyriques, pour l'an deux de la République,
(1794, *vieux style.*)

La collection des mêmes, formant 14 vol.

La Consolation des Cocus, avec figures.

Les Faveurs du Sommeil, vol *in-18*, figures; prix 2 liv.
10 s.

Chansons Patriotiques du C. Piis, avec les airs notés,
vol. *in-18*. figure.

Nouveau Recueil de Romances, Chansons et Vaudevilles,
par Berquin, avec les airs notés, vol. *in-8*.

Tom Jones, 4 vol. *in-12*. fig.

Le Guide des Actionnaires de la Caisse d'Epargnes, vol.
in-18. avec tableaux.

    Et autres nouveautés.

Sous presse, et qui paraîtront incessamment.

Le Sourd guéri, en un acte, par les CC. Barré et Léger.

Les Vieux Epoux, en un acte, par le C. Desfontaines.

Arlequin Cruello, par les mêmes.

Le Dédit, en un acte, par les CC. Léger, et Philipon.